Tipps zur Gewöhnung an neue Zahn-Prothesen

1. Die Gewöhnung an eine Zahn-Prothese erfordert etwas **Geduld**, da sie zunächst als Fremdkörper empfunden wird.
2. Manchmal bilden sich **Druckstellen** oder **Entzündungen**, die sehr schmerzhaft sein können. Für solche Fälle gibt es spezielle Pflege-Öle für Zahnfleisch und Gaumen.
3. Anfängliche **Probleme beim Sprechen** lassen sich leicht durch lautes Lesen und viel Reden beheben.
4. **Beschwerdefreies Kauen** erlernt sich leichter, wenn man in den ersten Tagen weiche Speisen wählt, kleine Bissen nimmt und langsam kaut.
5. **Gewissenhafte Prothesen-Pflege und Mundhygiene** sind Voraussetzung für gute Funktion und Verträglichkeit der Zahnprothese.
6. Falls die **Passgenauigkeit** einer Zahn-Prothese im Laufe der Zeit nachlässt, sorgen spezielle Haftmittel für sicheren Halt.
7. Bei länger anhaltenden Beschwerden sollten Sie auf jeden Fall Ihren **Zahnarzt aufsuchen**.

Der regelmäßige Zahnarztbesuch sollte für jeden selbstverständlich sein!

Vorwort

Liebe Leserinnen und Leser. Nach dem großen Erfolg der Reihe »*Begegnungen mit den Dritten*« hat sich die Helago-Pharma GmbH in Bonn freundlicherweise dazu entschlossen, zu ihrem 70sten Geburtstag im Jahre 2002 die Herausgabe dieser umfangreichen Sammlung mit 99 Anekdoten rund um die Zahn-Prothese zu unterstützen.

Dank der Mithilfe zahlreicher Zahnärzte, Zahntechniker, Zahn-Prothesen-Träger und anderer »Spaßvögel« konnten in kurzer Zeit zahlreiche Anekdoten gesammelt werden.

Ganz besonders bedanken wir uns bei Herrn Hans-Peter Schneekloth (Zahnarzt) und dem »*Freier Verband Deutscher Zahnärzte e. V., Bonn*« dafür, dass wir diverse Anregungen aus den »*Zahnspiegeleien (Frankfurt 2000)*« aufgreifen durften.

Auch Herr Walter Schier aus Nördlingen stellte uns mehrere Anekdoten zur Verfügung. Dafür bedanken wir uns sehr herzlich.

Sollten Sie selbst einmal eine ähnliche Anekdote erlebt haben, schreiben Sie uns bitte, denn die kleine Reihe der *Schmunzelgeschichten für Gebissträger* wird auch in Zukunft fortgesetzt.

Nun wünschen wir Ihnen aber erst einmal viel Spaß beim Schmunzeln.

7

Kindliches

Cascade gegen Caritas

Der Opa kommt mit seinem Enkel in die Praxis. Hier legt der ältere Herr seine Zahn-Prothese in die Porzellanschale.

Ich frage den Jungen: »Putzt du auch regelmäßig deine Zähne, damit du einen solchen Zahn-Ersatz nie brauchen wirst?«

»Na klar«, strahlt der Knirps, »ich nehme doch Cascade gegen Caritas!«

erlebt von Dr. Brigitte Böttger,
Friedrichshafen

Zähne in der Tasche

»Du hast Dich ja schon wieder herumgeprügelt«, schimpft der Vater. »Dabei hast Du sogar zwei Vorderzähne verloren!«

»Nein, gar nicht wahr«, kontert der Junge wahrheitsgemäß. »Ich habe sie in meiner Tasche!«

eingereicht von Frau Dr. Anke Niegel-Deichen, Kieferorthopädin aus Bochum

Im Glas schlafen

Unser Sohn war noch sehr klein, als ich ihn einmal zum Zahnarzt mitnahm. Ich hatte damals fürchterliche Probleme mit einem Backenzahn.

Kurz vor der Behandlung fragte er mich dann im Beisein des Zahnarztes:

»Mama, kriegst du jetzt Zähne, die nachts im Glas schlafen?«

Schmunzelnd erwiderte ihm der Zahnarzt, dass er zuerst einmal eine andere Möglichkeit ausprobieren wolle, was er auch zu meiner Zufriedenheit tat.

mitgeteilt von Frau Schieweck aus Bergheim

Eine Zugfahrt, die ist lustig ...

Ich fahre sehr viel mit der Bahn und habe dabei schon eine Menge verrückter Dinge erlebt. Eine Geschichte ist mir aber noch besonders gut in Erinnerung.

Eines Tages saß eine ältere Dame in meinem Abteil. Es war ein eisiger Wintertag und fast alle Fahrgäste waren verschnupft oder erkältet.

Sie aber hatte es besonders schlimm erwischt und die Ärmste hustete ganz fürchterlich, während ich angestrengt ver - suchte, ein Buch zu lesen.

Plötzlich nestelte mein Gegenüber aufgeregt in dem Spalt neben ihrem Sitz, so als wolle sie etwas herausfischen. Da hielten wir auch schon an ihrem Zielbahnhof und sie hastete jammernd und kopfschüttelnd aus dem Zug.

Gleichzeitig stieg eine junge Mutter mit einem Buben zu. Dieser setzte sich auf eben den Platz, auf dem zuvor die alte Dame gesessen hatte.

Es vergingen keine fünf Minuten, da kreischte die Mutter auf, schimpfte mit dem Kind und schlug ihm auf die Finger. Und schon flog eine Zahn-Prothese durch die Gegend. Nun wusste ich, was die alte Dame so aufgeregt gesucht hatte.

Was ihr nicht gelungen war, hatte das Kind zum Leidwesen seiner Mutter geschafft. Sie stiegen im nächsten Bahnhof aus und der Knirps reagierte sich an dem Corpus Delicti ab, das ihm die Schelte eingebrockt hatte, indem er es als Fußball benutzte und aus dem Zug kickte.

nach einer Mitteilung von Peter Hilsmann, Herzogenrath

Zähne aus Papier

Als unser Enkel ca. drei Jahre alt war, überraschte er uns mit der Eröffnung: »Meine Urgroßmutter ist uralt, superklein und hat Zähne aus Papier«.

Tatsächlich war diese Urgroßmutter damals stolze 93 Jahre alt, maß aber nur 152 cm. Warum aber die Zähne aus Papier sein sollten, kann sich auch mein Enkel heute nicht mehr erklären. Vermutlich hatte der kleine Kerl beobachtet, dass die Uroma ihre Zahn-Prothese in Papier – vielleicht einem Papiertaschentuch – aufzubewahren pflegte.

erzählt von einem Rentner aus Köln

Die kann ich noch gut gebrauchen

Oma bekommt neue Zahn-Prothesen eingepaßt und bringt das vierjährige Enkelkind mit. Oma freut sich, lacht und ist sehr zufrieden mit den neuen Dritten. Sie sagt scherzhaft zum Enkel:

»Was mache ich denn nun mit den alten Prothesen?«

Bevor ich etwas dazu sagen kann, kommt die prompte Antwort: »Gib sie doch mir. Du hast ja jetzt neue. Ich kann die alten bestimmt noch gut gebrauchen.«

erlebt von einer amüsierten Zahnärztin

Guck mal, was meine Oma kann!

Kürzlich saß ich mit meiner Enkelin in einem Café. Am Nachbartisch saß ebenfalls eine ältere Dame mit Ihrem Enkelsohn. Der kleine Steppke schien recht aufgeweckt und sah mir schon eine geraume Zeit interessiert beim Kuchen essen zu. Wie man es so tut, winkte ich dem Kleinen zu.

Dadurch noch mutiger geworden, wandte sich dieser mit dem Ausruf an meine Enkelin: »Guck mal, was meine Oma kann!«

Diese saß uns mit dem Rücken zugekehrt vor ihrem Kaffee und ehe sie recht verstand, was da vor sich ging, stupste er sie an: »Oma, zeig mal, wie du deine Zähne rausholen kannst!«

Glücklicherweise hatte die Dame Humor. Sie wehrte sich zwar verständlicherweise vehement gegen den Wunsch ihres Enkels, dann entwickelte sich aber eine angeregte Unterhaltung.

frei nach einer Erzählung von Frau Jäger, Bonn

Zähne mit Profil

Unser vierjähriger Sohn ist handwerklich sehr interessiert und geht mir immer gerne zur Hand. Im letzten Winter half er mir an einem Spätnachmittag beim Reifenwechsel.

Da er, wie alle Kinder, sehr wissbegierig ist, musste ich ihm natürlich jeden Handgriff haargenau erläutern. Vor allem aber wollte er wissen, warum der Reifenwechsel notwendig sei und wodurch sich Winter- von Sommerreifen voneinander unterscheiden.

Wir wurden gerade rechtzeitig zum Abendessen fertig. Während des Essens sagte mir meine Frau, dass sie am nächsten Morgen ihren Vater zum Zahnarzt fahren wolle, dem ein neues Gebiss eingepasst werden sollte.

»Ah, ich weiß schon« unterbrach sie unser Sohn mit wissender Miene. »Opa bekommt neue Zähne mit Winterprofil.«

berichtet von einem Familienvater aus Leipzig

Und jetzt noch die Augen

Als der Enkel zum ersten Mal sah, wie seine Großmutter am Abend ihre Zahn-Prothese aus dem Mund nahm und in ein Glas Wasser tauchte, nahmen seine Gesichtszüge höchste Spannung an und voller Erwartung schoss es fordernd aus ihm heraus:

»Und jetzt noch die Augen!«

frei nach A. Chakowsky
(eingesandt von Galina Berdichevska, Riga)

Gesalzene Zähne

Der kleine Jakob überraschte die Familie mit der Frage, ob Oma verreisen wolle. Auf die Gegenfrage, wie er denn darauf komme, kam die verblüffende Antwort: »Weil Oma wieder Salz auf ihre Zähne gestreut hat.«

Tatsächlich hatte sie vor, ihre Freundin zu besuchen. Bei solchen Gelegenheiten legt sie immer besonderen Wert darauf, dass ihre Dritten fest und sicher sitzen. Der kleine Schlauberger hatte beobachtet, wie sie Haftpulver auf die Prothese streute, und dies für Salz gehalten.

Anneliese Kaes, Cochem

Oma is?

Sommer, Sonne, Strand und Meer lautete unsere Devise im letzten Sommerurlaub. Mit dabei war auch unsere kleine Tochter Antonia. Sie hatte gerade zu laufen begonnen und plapperte die ersten Worte.

Auch sie fühlte sich pudelwohl an dem Sandstrand von Fuerte Ventura und wurde nicht müde, mit ihrem Eimerchen das ganze Meer leer zu schöpfen und alles Mögliche im Sand zu vergraben.

Ihre zweitliebste Beschäftigung war es, die Umgebung unseres Liegeplatzes auszukundschaften und neue Freunde kennen zu lernen. Eines Tages, gegen Ende der Reise, nahm sie meine Hand und zog mich energisch in eine Richtung. Dies tat sie immer dann, wenn sie unbedingt etwas haben wollte. Heute war sie aber besonders aufgeregt und wiederholte dabei immerzu »Oma is?«, was heißen sollte: »Wo ist die Oma?« Sie hängt sehr an ihr und schien sie enorm zu vermissen.

Ich versuchte ihr zu erklären, dass wir die Oma ja schon bald wieder sehen würden. Als aber alles nichts half, gab ich ihrem Drängen schließlich nach und folgte ihr ein paar Schritte. Da bückte sie sich und ehe ich mich versah, hatte sie ein

Gebiss in der Hand, zeigte es mir und fragte nochmals »Oma is?«.

Das war es also. Antonia war fest davon überzeugt, dass Oma in der Nähe sein musste, hatte sie doch vermeintlich einen Teil von ihr gefunden.

In diesem Moment kam ein puterrot – jedoch nicht vom Sonnenbrand – angelaufener älterer Herr dazu und bat höflich um seinen Zahnersatz.

Es war ungeheuer schwer, die Kleine davon zu überzeugen, dass sich Oma gewiss nicht im Sand eingegraben hatte und sie dem fremden Opa doch nun bitte das Gebiss zurückgeben möge.

erzählt von einer Mutter aus Norwegen

Halb so schlimm!

Unser Klaus ist ein rechter Raufbold, und es vergeht kaum ein Tag, an dem er nicht mit irgendwelchen Blessuren nach Hause kommt. Kürzlich war er mit dem Fahrrad gestürzt und hatte sich dabei zwei Schneidezähne herausgebrochen. Darüber war er sehr unglücklich. Seine kleine Schwester wusste ihn aber überzeugend zu trösten.

»Halb so schlimm, Omi leiht dir bestimmt ihre Zähne«, sagte sie.

Ingrid Glocker, Passau

Der Milchzahn

Erst war der Jammer groß, als unser Kleinster seinen ersten Milchzahn verlor. Omi tröste ihn und erklärte ihm, dass das ganz normal sei und schon bald ein neuer Zahn nachwachse. Da war der Schmerz schnell vergessen.

Und plötzlich hellte sich sein Gesicht auf und der Schlauberger sagte: »Dann mach ich´s halt wie du. Bis der neue Zahn nachgewachsen ist, klebe ich den alten mit deiner Haftcreme fest.«

Petra Pfeil, Hamburg

Leihgabe

Vor meiner siebenjährigen Enkelin habe ich es immer geflissentlich vermieden, meine »Dritten« zu zeigen. Sie muss es aber trotzdem gemerkt haben! Denn, als es eines Tages zum Abendbrot ziemlich rundlich-dicke Würste gab und die Kleine Schwierigkeiten hatte, mit ihrem Schnütchen davon abzubeißen, sagte sie: »Opi, gib mir doch mal deine Zähne, dann kann ich besser abbeißen!«

Natürlich haben wir alle herzlich gelacht und waren wieder einmal erstaunt, wie gut Kinder doch beobachten.

Bernhard Kalinke, Haar

Haare auf den Zähnen

Wir alle mochten unsere inzwischen lange verstorbene Tante nicht so gerne. Als sie aber sehr krank wurde, war es für mich selbstverständlich, ihr ein wenig im Haushalt zu helfen.

Manchmal nahm ich unsere damals fünfjährige Tochter mit. Eines Tages beobachtete sie, wie die alte Dame ihre Zahn-Prothesen in einem Glas Wasser mit einer Brausetablette reinigte.

Mit einem völlig unschuldigen Gesichtsausdruck fragte die Kleine:

»wäschst Du damit die Haare auf den Zähnen?«

Mir stockte der Atem und fast blieb mir das Herz stehen, aber Gott sei Dank hörte die Gute fast nichts mehr. So blieb mir Schlimmeres erspart.

Unsere Tochter hatte natürlich eine entsprechende Bemerkung bei einem unserer Gespräche zu Hause aufgeschnappt und sich nichts Schlimmes da bei gedacht. Im Gegenteil, sie habe oft ernsthaft gegrübelt, wie sich das wohl anfühlen mag, Haare auf den Zähnen zu haben, erzählte sie mir später.

Wir Eltern haben von diesem Tag an jedenfalls keine unbedachten Bemerkungen mehr über irgendjemanden gemacht.

aufgeschnappt auf einer Flugreise

Witz von anno 1895

Lieschen: »Mama, Willi will durchaus keinen Brei essen. Darf ich ihm nicht ein Stück von meinem Apfel geben?«

Mama: »Aber siehst Du denn nicht, dass Willi noch keine Zähne zum kauen hat?«

Lieschen: »Das ist wahr, aber ich kann ihm ja deine Zähne holen, die im Schlafzimmer auf dem Nachtschränkchen stehen!«

so stand es in der Rhein-Wied-Zeitung von 1895

Essen die Zähne jetzt alleine?

Mein Opa nahm vor dem Essen schon mal seine Zähne heraus und legte sie in einen undurchsichtigen Behälter, so dass ich davon nichts mitbekam.

Einmal war aber der Becher nicht da und er legte seine Zahn-Prothese einfach auf den Küchenschrank.

Als ich die Zähne da so liegen sah, machte ich laut meiner Mutter große Augen und fragte: »Essen die Zähne jetzt alleine?«

mitgeteilt von Cornelia Schmidt

Der ungeduldige Opa

Auf einer Geburtstagsfeier, am festlich geschmückten Kaffeetisch, musste der Opa plötzlich niesen. Schneller als seine Hand am Mund war, flog sein Gebiss im hohen Bogen über den Tisch und biss sich am Rand der Torte fest.

Betretenes Schweigen in der ganzen Runde, bis das Enkelkind die Situation rettete: »Na Opa, konntest du nicht abwarten bis du dein Stück Torte hast?«, fragte es. Daraufhin brach schallendes Gelächter aus und noch heute können wir herzhaft darüber lachen.

erlebt und mitgeteilt von Helga Neumeier, Alzenau

Praktisches für den Kindergarten

In der größeren Gruppe des Kindergartens übten wir von Zeit zu Zeit ein Programm für den Elternnachmittag ein.

Mama eröffnete mir, dass sie diesmal leider nicht dabei sein könne, Oma sich aber sehr darauf freuen würde.

Ich war begeistert und tröstete Mutti: »Macht nichts, da kann Oma den Kindern gleich mal zeigen, wie man Zähne rausnimmt und wieder reintut!«

Britta Mark aus Kirchhain-Kleinseelheim

Finderlohn

Meine Mutter war schon immer etwas vergesslich. So kam es vor, dass sie öfter die Dritten – oder einen Teil davon – verlegte.

»Wer mir meine Zähne sucht und findet, bekommt fünf Mark«, sagte sie dann zu ihren Enkeln.

Eifrig wurden sie gesucht und auch gefunden. Um ihr Taschengeld aufzubessern, versteckten die Schlauberger die Zähne dann bei jeder passenden Gelegenheit , um nach dem Auffinden fünf Mark zu kassieren.

Martin Hüttner, Schauenstein

Deine Zähne sind ganz okay!

Kieferorthopädin zum kleinen Benja - min:

»Deine Zähne sind ja ganz okay, mein Junge, nur dein Kaugummi müsste mal wieder erneuert werden!«

eingereicht von Frau Dr. Anke Niegel-Deichen, Kieferorthopädin aus Bochum

So schöne Zähne wie die Mutter

Ich hatte mir schon früh alle Zähne ziehen lassen und trage seither Vollprothesen. Als ich eines Tages unsere Tochter aus dem Kindergarten abholte und erklärte, dass ich mit ihr zum Zahnarzt gehen wolle, sagte die Kindergärtnerin: »Wenn Ihre Tochter so schöne Zähne hat wie Sie, wird sie kaum Probleme damit bekommen«. Darauf wandte diese stolz ein: »Die Mama kann ihre Zähne aber rausnehmen!«

frei nach einer Erzählung von Frau Ute Oeljeklaus

Zähneputzen ist blöd

Als die Omi in der Adventszeit zu Besuch kommt, bekommt die Enkelin erstmals mit, dass sie morgens ihre Zähne ganz einfach aus dem Wasserglas holt und einsetzt. Zunächst ist sie fassungslos. Die Großmutter kann ihr aber genau erklären, was es mit dem Gebiss auf sich hat.

Daraufhin sagt die Kleine nach kurzer Überlegung. »Au ja, dann wünsche ich mir zu Weihnachten auch ein Gebiss. Zähneputzen ist nämlich ganz schön blöd.«

Anonymus

Doktorspiele

Wieder einmal suchte mein Vater ganz verzweifelt seine Zahn-Prothesen. Er hatte schon alles auf den Kopf gestellt, umsonst. Mein Mann und ich hatten erst beim Suchen geholfen, waren aber mittlerweile schon richtig genervt. Wenigstens verhielten sich die Kinder heute einmal ruhig, sie waren fast zu ruhig.

Plötzlich kam mein Mann laut lachend aus dem Kinderzimmer. Gefragt, was denn los sei, sagte er: »Die beiden spielen Zahnarzt, und zwar mit Opas Gebiss.«

Anonymus

Mit Verlaub

Die genervte Mutter ruft ihrem Kindermädchen zu: »Was ist das denn für ein Geräusch im Badezimmer?«

»Das ist das Baby, es klappert mit den Zähnen«, antwortet das Kindermädchen belustigt.

»So ein Unsinn«, schilt die Mutter zurück, »das Kind hat doch noch gar keine Zähne!«

»Mit Verlaub, es klappert ja auch mit Ihren Zähnen, gnädige Frau.«

nach einem Beitrag in Zahnspiegeleien
von Hans-Peter Schneekloth

Freundin oder Kaugummi?

Der Opa schaut ganz gerne hübschen Frauen nach. Das bleibt auch dem Enkel nicht verborgen. Eines Tages fragt ihn dieser: »Du, Opa, was ist dir lieber, eine hübsche Freundin oder ein Kaugummi?«

»Aber Junge, du weißt doch, dass ich keine Zähne mehr habe«, knurrt jener grimmig zurück.

Zahnarztwitz

Das hat er von mir

»Mutti?«, sagt die kleine Sarah, »du sagst doch immer, dass Mäxchen deine Stupsnase und Papas Augen hat.«

»Ja, das stimmt«, antwortet diese.

»Ei dann komm mal schnell ins Kinderzimmer, jetzt hat er auch noch Opas Zähne!«

nach einem Beitrag in Zahnspiegeleien
von Hans-Peter Schneekloth

Die Lümmel von der ersten Bank

Es war während der Englischstunde in der 5. Klasse. Der wortgewaltige Oberstudiendirektor Dr. B. hatte es satt mit den Hinterbänklern. Mit nasaler Stentorstimme verkündete er: »Das Nest hebe ich aus! Raus die Marke Ritz, raus die Marke Schier, raus ...«.

Wir mussten uns alle in die erste Reihe setzen und die Braven kamen nach hinten. Aber schon bald entschloss sich der »Ahso«, so sein Spitzname, die alte Sitzordnung wieder herzustellen.

Er trug nämlich eine etwas locker sitzende Oberkiefer-Vollprothese, die seiner Stimmgewalt nicht immer folgte und oft nach unten klappte. Wir hatten das natürlich schnell erkannt und beendeten die Strafversetzung damit, dass wir ihm eines Tages vor Unterrichtsbeginn eine Flasche Haftpulver auf das Pult stellten. Zuerst folgte ein gewaltiges Donnerwetter, aber dann kam alles wieder ins Lot. Unser guter alter »Ahso« verzichtete auf eine Bestrafung; denn wir hatten ja nur Gutes getan. Ja, er versetzte uns sogar wieder auf die Hinterbank, quasi außer Reichweite seiner Oberkiefer-Prothese.

erlebt von Walter Schier aus Nördlingen

Mami hat die schon

Bei einer Rauferei im Kindergarten verliert ein Kind zwei Milchzähne.

Die Kindergärtnerin versucht zu trösten: »Das ist gar nicht so schlimm. Wenn alle kleinen Zähne raus sind, dann bekommt ihr neue, viel schönere Zähne.«

»Ja, das stimmt«, ruft ein kleines Mädchen dazwischen, »meine Mami hat die schon. Die kann man sogar heraus-nehmen!«

nach einem Beitrag in Zahnspiegeleien
von Hans-Peter Schneekloth

Tierisches

Ei, ei, ei

Völlig aufgelöst und mit stark eingefallener Oberlippe betritt eine Patientin am Donnerstagmorgen die Zahnarztpraxis. Aufgeregt berichtet sie, ihre obere Total-Prothese sei seit gestern plötzlich verschwunden und auch eine Durchsuchung des ganzen Hauses mit Hilfe der Kinder und Enkel habe das gute Stück nicht wieder zum Vorschein gebracht.

Da sie am Wochenende ihren 85. Geburtstag feiere – zu dem sich viele wichtige Gäste angesagt hätten –, bitte sie dringend um eine Neuanfertigung.

Selbstverständlich haben alle ein Einsehen. In der Praxis werden die Ärmel hochgekrempelt und der Zahntechniker wird gebeten, in der kommenden Nacht sein Bett nicht aufzusuchen. Die Sache wird dynamisch angegangen.

Zum Eingliederungstermin am Freitagabend aber erscheint die Patientin – oh Wunder – mit einer im Mund befindlichen Total-Prothese. Dies sei, so berichtet sie, ihre alte Prothese! Sie hätte sie in ihrem Hühnerstall in einem Nest gefunden. Offensichtlich sei sie ihr dort unbemerkt aus dem Mund gerutscht, als sie die Legetätigkeit ihrer Hühner kontrolliert habe.

erlebt von Dr. Adalbert Ruhnke, Niederstetten

Sitzt wie angegossen

Wir lebten schon einige Zeit auf Gran Canaria und hatten inzwischen Freundschaft mit einigen Canarios geschlossen. Das heißt auch, dass wir öfters von den Familien unserer Freunde eingeladen wurden. So waren wir wieder einmal auf einer Finca und halfen natürlich auch bei der Tomatenernte mit. Es war sehr heiß an diesem Tag und um die Mittagszeit ruhte, wie dort üblich, die Arbeit.

Wir waren auch so richtig müde und jeder schlief gerade dort ein, wo er saß.

Wer Glück hatte, lag auf einem der Sofas.

Mein Mann hatte dieses Glück. Nur die Zahn-Prothese zwickte ihn. Kurz entschlossen nahm er sie aus dem Mund, wickelte sie in ein Tempo und schob sie in die Sandalen unter dem Sofa. Nach einiger Zeit klopfte mir Patrizio, der Hund der Gastgeber, mit der Pfote auf den Arm. Noch ziemlich verschlafen sah ich zu ihm hin. Da hatte er sich doch die Zahn-Prothese meines Mannes kunstgerecht in die Schnauze balanciert, so als ob sie für ihn gefertigt worden wäre. Von meinem Lachen sind alle wach geworden.

Wir waren uns einig, sie stand ihm gut und passte wie angegossen. Das fand Patrizio auch und wollte das gute Stück nicht mehr hergeben. Irgendwie schafften wir es dann doch, die Zahn-Prothese mit viel Geduld und Mühe unversehrt zu bergen.

Dank helago-oel N verschwanden die Druckstellen am Kiefer meines Mannes dann übrigens sehr schnell und alles war wieder okay.

Diese wahre Geschichte erlebte C. Lindner,
damals Gran Canaria
(erzählt von Liesel Svoboda, Bonn)

Hunde(ge)biss

Sanitätsrat R., selbst von Beruf Zahnarzt, kommt eines Tages ins Krankenhaus. Er ist schon etwas älter und trägt Zahn-Ersatz. Während seines Krankenhaus-Aufenthaltes knackt sei-ne Oberkiefer-Prothese entzwei.

Daher bittet er seine Frau, das defekte Stück in seinem technischen Labor repa-rieren zu lassen. Die Ehefrau wickelt das Gebiss sorgfältig in Zellstoff ein und legt es mit anderen Dingen zusam-men in ein Körbchen. Dies stellt sie zu Hause ab und wird dann von einer Nachbarin durch ein kurzes Schwätzchen aufgehalten, bevor sie die Reparatur in die Wege leiten kann.

Als sie zurückkommt, ist die Zahn-Prothese jedoch aus dem Korb verschwunden. In der Küche findet die Ehefrau sie dann in hundert Teile zerstückelt auf dem Boden liegend.

Der Hund des Zahnarztes hatte sein Herrchen durch die Prothese gerochen und erkannt. Er hatte sie aus dem Korb gewühlt und damit gespielt. Allerdings etwas zu heftig.

eingereicht von Dipl.-Pharm. Frank Motzki, Halle

Poltergeister

Kürzlich wurde ich durch einen Telefonanruf beim Reinigen meiner Zahn-Prothese unterbrochen. Während des Gespräches vergaß ich meine Dritten zunächst völlig. Als sie mir dann wieder einfielen fand ich im Bad aber keine Zähne mehr. Da ich mir dieses Phänomen nicht erklären konnte, schob ich es einem Poltergeist zu. Erst als ich am nächsten Tag beim Aufräumen die Zahn-Prothese unterm Bett fand, wurde mir klar, dass meine Katze dieser Poltergeist gewesen sein musste.

erlebt von Galina Berdichevska, Riga

Hasenzähnchen

Immer, wenn wir mit unseren Freunden ausgelassen feiern, müssen wir zu vorgerückter Stunde amüsiert an eine frühere Begebenheit denken.

Vor einigen Jahren waren wir an einem frostigen Winterabend der Kälte heftig mit Glühwein zu Leibe gerückt. Wir alle hatten dem Getränk schon mächtig zugesprochen, als eine aus der Runde plötzlich aufsprang und in den Vorgarten rannte. Ihr war speiübel geworden und es bedarf keiner detaillierten Schilderung dessen, was dort passierte.

Nach einigen Minuten kam die Ärmste wieder herein, stellte dann aber fest, dass sie ihre Zähne vermisste.

Selbstverständlich halfen wir alle beim Suchen. Aber das Gebiss war, obwohl sie genau sagen konnte, an welcher Stelle sie es in dem fast ½ Meter hohen Schnee verloren hatte, nicht mehr aufzufinden.

Auffällig war aber, dass sich ein Hase schnell aus dem Staub gemacht hatte, als wir aus dem Haus gekommen waren, um unsere Suche zu starten. Sollte er etwa ...? Jedenfalls blieb die Zahn-Prothese ein für allemal verschwunden.

mitgeteilt von Frau Schieweck aus Bergheim

Beste Qualität

Im Sommer besuchte meine Schwester ihre Freundin in deren Sommerhäuschen. Nach einem ausgedehnten Abendplausch begab sich meine Schwester zu Bett und legte ihre gereinigte Zahn-Prothese auf das Nachtschränkchen.

Einige Zeit später wurde sie dann von einem lauten Knacken aus dem Schlaf gerissen. Als sie das Licht anmachte, sah sie, wie der Pinscher der Freundin vergnüglich an der Prothese knabberte, als sei es ein Stück Knochen.

Nur mit viel Mühe und einem Stück Schokolade konnte meine Schwester dem

Hund seine Beute wieder abspenstig machen.

Sie stellte jedoch mit großer Erleichterung fest, dass das Gebiss noch ganz war und sie es nach gründlichster Reinigung wieder verwenden konnte.

»Sehen Sie«, sagte ihr der Zahnarzt später, »ich habe Ihnen beste Qualität geliefert«.

mitgeteilt von Frau S. Frankova aus Berlin

Ja, der Haifisch, der hat Zähne ...

Die Oma und ihre zwei Enkelkinder sind zur Sommerfrische an der Nordsee. Sie trauen sich bis zum Knie ins Wasser. Da aber jede fünfte Welle stets etwas höher ist, passiert´s: Alle drei kreischen auf, Oma ist ihre beiden Prothesen los und die Enkelkinder ihre KFO-Geräte. Die Krankenkasse hat´s mächtig gefreut ...

... und der Haifisch hat jetzt Zähne!

mitgeteilt von Dres. Braatz, Unna

Die Betriebsfeier

Mein Vater hatte einmal auf dem Betriebsfest seiner Firma reichlich dem Alkohol zugesprochen. Er ging hinaus, um sich zu erbrechen. Dabei verlor er seine Zahn-Prothese, merkte es aber erst zu Hause.

Am nächsten Montag wurde er dann zum Chef gerufen. Der hatte gerade noch verhindern können, dass sein Hund den Zahnersatz zerbiss.

berichtet von Frau Erika Merkator aus Cuxhaven

Schwein gehabt

Ich staunte nicht schlecht, als ich vor etwa sechs Jahren, kurz nachdem ich mich als Zahnarzt auf dem Lande niedergelassen hatte, an einem Freitag-abend von einer Bäuerin zu einem ver-meintlichen Notfall gerufen wurde.

Beim Schweinefüttern war ihr die Teil-Prothese in den Futtertrog gefallen und sogleich von einer Sau verschluckt worden. Ich konnte sie leicht davon überzeugen, dass dies eher ein Fall für den Tierarzt sei, zumindest was das Tier betraf.

Etwas schwerer war es dann, ihr am nächsten Montag klarzumachen, das s die Prothese nicht mehr eingepasst werden konnte. Diese war nämlich, leicht lädiert, auf ganz natürliche Weise wieder zum Vorschein gekommen.

erlebt von einem anonymen Zahnarzt

Kommt ein Vogel geflogen

Mit dieser Urlaubsüberraschung hatte der 78-Jähige Engländer nicht gerechnet. Nachdem er seine Zahn-Prothese gereinigt hatte, legte er sie kurz auf die Fensterbank seines Hotels.

Ehe er sich jedoch versah, kam eine Möwe angeflogen, schnappte sich das Gebiss und flog eilig davon.

Der Urlauber musste sich für den Rest seines Aufenthaltes mit passierter Kost begnüigen.

nach Zeitungsmeldungen vom Juli 2001

Liebliches

MUFFT DU MIR
BEIM KÜFFEN JEDEFMAL
DAF GEBIFF
AUF DEM MUND TFIEHEN ??
©BOB

Der zahnlose Gigolo

Ich kannte meine heutige Frau erst kurz und war über beide Ohren verliebt. Wir scherzten und lachten oft ausgelas - sen und herzhaft. Als ich wieder einmal losprustete, verlor ich dabei mein Gebiss, das ich seit einem frühen Unfall trug. Ich war wie versteinert und schämte mich sehr, weil ich davon nichts erzählt hatte.

Meine Frau trug´s aber mit Humor. Heute trägt auch sie eine Zahn-Prothe-se und wir lachen beide noch oft herzhaft über die damalige Begebenheit.

erlebt von einem Rentner aus Köln

Gebiss zur Kur

Herr »Zahnlos« bekommt nach vielen Jahren einen neuen Zahnersatz. Beim letzten Termin vor der Eingliederung der »Neuen« bat ich den Patienten: »Obwohl Sie sie die letzte Zeit kaum benutzen konnten, bitte ich Sie, die alte Zahn-Prothese zum Vergleich beim nächsten Mal mitzubringen.«

»Das geht leider nicht, Herr Doktor«, war die verblüffende Antwort. »Meine Frau ist zur Kur und kommt erst in drei Wochen zurück.«

erlebt von Dr. Peter-Uwe Goßmann, Berlin

Teenie und Grufti

Kürzlich besuchte mich meine Enkelin aus Berlin für ein paar Tage. Das hat mich sehr gefreut, und auch ihr schien es recht gut zu gefallen. Wir unternahmen eine Menge zusammen.

Sie ist eine attraktive, hübsche Dame geworden, die die Blicke der männlichen Jugendlichen auf sich zieht. So auch eines Tages bei einem Spaziergang im Englischen Garten. Zwei Halbstarke pfiffen ihr unverhohlen hinterher und einer rief: »Was willst du denn mit dem Grufti?«

Es war nicht böse gemeint – typisch jugendliches Imponiergehabe halt. Ich ärgerte mich auch keineswegs darüber. Aber irgendwie stach mich dann doch der Hafer und ich wollte den beiden in meinem Übermut beweisen, dass der Grufti wenigstens so gut pfeifen kann wie sie.

Ich drehte mich also zu ihnen um, holte tief Luft und setzte zu einem kräftigen Pfiff an. Kaum aber hatte ich die Lippen gespitzt und zu pfeifen begonnen, schleuderte ich meine Zahn-Prothese mit heraus. Ich konnte sie gerade noch auffangen und gab den Kids damit erst recht Anlass, sich über mich zu amüsieren.

Ein stolzer Großvater aus München

Auf den Felgen knutschen

Das Ehepaar ist bereits in die Jahre gekommen, liebt sich aber noch immer heiß und innig. Eines Tages meint er zu ihr: »Komm, lass uns doch noch mal so richtig küssen, wie in unserer Jugend«.

»Ja, eigentlich schon gerne«, antwortet sie. »Aber meine Zähne liegen noch im Bad.«

»Das macht doch nichts, ich hab´ meine auch nicht an«, entgegnet er, »dann knutschen wir halt auf den Felgen«.

Zahnarztwitz

Getrennte Betten

Treffen sich zwei ältere Freunde. Sagt der eine: »Mein Gott, habe ich diese Nacht miserabel geschlafen. Ich hatte wahnsinnige Zahnschmerzen.«

Darauf antwortet der andere ungerührt: »Ich habe prima geschlafen. Ich schlafe aber auch schon seit Jahren von meinen Zähnen getrennt.«

nach einem Beitrag in Zahnspiegeleien
von Hans-Peter Schneekloth

Keine Heimlichkeiten!

Kurz nach der Hochzeit wirft der Ehemann seiner Angetrauten wütend vor: »Während unserer Verlobung hast du mir deine falschen Zähne stets verheimlicht!«

»Na und?«, antwortet die selbstbewusste Gattin, »wenn du sie nicht magst, kann ich sie ja rausnehmen.«

nach einem Beitrag in Zahnspiegeleien
von Hans-Peter Schneekloth

»Mund-Raub«

»Ein ungewöhnlicher Diebstahl beschäftigt Augsburgs Polizei. Am Samstag hatte sich eine 40-Jährige bei den Beamten gemeldet und Anzeige gegen ihren früheren Lebensgefährten (37) erstattet.

Das Paar hatte sich einvernehmlich, so die Frau, getrennt. Eine letzte Gebissreinigung in der Wohnung ihres »Ex« habe dieser aber ausgenutzt, mitsamt den falschen Zähnen im Wert von 4000 Mark zu verschwinden.«

gelesen von Walter Schier aus Nördlingen
in: Augsburger Allgemeine/ Rieser Nachrichten
vom 29.03.1999

Stempel ins Pornoheft

Besonders ältere Patienten sind eifrig auf die regelmäßigen Eintragungen im Bonusheft bedacht. Man weiß ja nie ...

Da hört man öfters mal die Bitte: »Frau Doktor, bekomme ich heute auch einen Stempel in mein Pornoheft?«

mitgeteilt von Dipl.-Med. G. Illgen, Gößnitz

Zahnärztliches

Lediglich leichte Ungenauigkeiten

In einem zahntechnischen Labor wurden durch ein Versehen die beiden Hälften zweier Total-Prothesen miteinander vertauscht. So wurden jeweils zwei nicht zueinander passende Prothesen zu zwei verschiedenen Zahnärzten gesandt. Der erste Zahnarzt bemerkte den Fehler schon beim Auspacken und rief sofort wutentbrannt den verantwortlichen Zahntechniker an. Er beschimpfte ihn als gewissenlosen Pfuscher, der schon bald ruiniert sein werde.

Mit zitternden Knien erwartete der Laborleiter den Anruf des zweiten Zahnarztes. Als dieser ausblieb, rief er selbst dort an.

Der Zahnarzt aber berichtete ihm, beim Einsetzen der Prothesen seien lediglich »leichte Ungenauigkeiten« aufgefallen. Diese habe er aber durch systematisches Einschleifen an den Kunststoffzähnen und der Prothesenbasis zur allseitigen Zufriedenheit beseitigen können.

mitgeteilt von Dr. Adalbert Ruhnke, Niederstetten nach dem authentischen Bericht einer befreundeten Zahntechnikerin

»Zahn-Schmelz«

An der Marburger Universität kursierte folgende Geschichte, die den Assistenten der prothetischen Abteilung in den 60/70iger Jahren passiert sein soll.

Eine ältere Patientin kam zur Wachsanprobe einer Ober- und Unterkiefer-Vollprothese in die Prothetik-Abteilung. Die behandelnden Assistenten hatten an diesem Tag aus Anlass einer Feier schon etwas dem Alkohol zugesprochen. Trotzdem verlief die Wachsanprobe zufrieden stellend und man empfahl der Patientin, die Prothese Probe zu tragen.

Dabei vergaß man allerdings, dass es sich nur um die Wachsanprobe handelte. Die Patientin ging hochzufrieden ins damalige Café Fritz ein Stück Kuchen essen und einen Kaffee trinken.

Durch den heißen Kaffee lösten sich die Zähne dann aber aus dem Wachs und fielen nach und nach in die Tasse.

eingereicht von
Zahnarzt Wolfgang Gerhardus, Siegen

Böse Zähne

Eine 75-jährige Patientin zum Zahnarzt: »Meine Zähne tun böse, Herr Doktor.« »Wann tun denn Ihre Zähne böse?« Nach einigem Grübeln antwortet die Patientin »Sie tun böse, wenn sie nicht gut tun.« »Ah ja! Ihre Zähne tun böse, wenn sie nicht gut tun. Wo tun denn die Zähne böse, wenn sie nicht gut tun?« Ein Schmunzeln geht durch das Gesicht der Patientin, denn mit dieser Frage kann sie etwas anfangen. Sie antwortet wie aus der Pistole geschossen: »Im Mund, Herr Doktor.«

erlebt von Dr. Guido Oster, Eeuerbach

Keine zweite Wahl!

Eine 76-jährige Patientin bei einem Kontrolltermin nach dem Einsetzen einer Total-Prothese:

»Saren Se mal, Herr Doktor, die Zähne , iss dat etwa zweite Wahl? Isch tu auch jerne wat dabei, wenn et noch bessere jibt!«

eingereicht von Dr. Wilfried Engelbach,
Zahnarzt in Bonn-Mehlem

Tut bestimmt nicht weh!

Endlich hatte die ältere Dame, die eine Zahnarzt-Praxis noch nicht oft von innen gesehen haben konnte, in eine Total-Prothese eingewilligt. Es war wirklich nötig; denn es standen nur noch einige Zahnstummel im Mund herum.

Die Betäubung begann schon zu wirken, da fragte sie noch einmal ängstlich: »Tut das Zähneziehen auch bestimmt nicht weh, Herr Doktor?«

»Nein«, antwortete der entnervte Zahnarzt, »ich habe mir erst einmal dabei die Hand verrenkt!«

Zahnarztwitz

Die Gefrier-Prothese

Es war kurz nach der Wende, als unser Hausmeister und Heizer der Poliklinik an einem eiskalten Wintertag frühmorgens ohne »Zähne« erschien.

Auf meine Frage, ob er seine Prothese verloren habe und ich ihm eine neue anfertigen solle, entgegnete er: »In einer Stunde ist alles wieder im Lot.«

Er hatte über Nacht seine »Totalen« ins Wasserglas versenkt und auf den Nachttisch gestellt. In Anbetracht der klirrenden Kälte von etwa -20° C war der Frost auch in sein Schlafzimmer in einem alten Gehöft eingedrungen, so dass seine Zahn-Prothesen regelrecht eingefroren waren.

Er führte mich in den Keller der Poliklinik und zeigte mir auf dem Heizkessel-Eck sein Wasserglas mit den Zähnen zum Auftauen.

erlebt von Dipl. Stom. J. F.

Gewöhnungssache

Ein älterer Patient erhielt eine totale Prothese für Ober- und Unterkiefer. Nach geraumer Zeit fragte ich nach dem Zahnersatz, den er nicht im Mund trug.

Darauf antwortete der Patient: »Die liegt zu Hause im Buffet«, der Glas-vitrine also.

»Ich guck sie mir jeden Tag an, damit ich mich dran gewöhne.«

erlebt von einer anonymen Zahnärztin

Zeigt her Eure Zähne!

Unserem Nachbarn, einem ehemaligen Berufssoldaten, passierte kürzlich folgende Geschichte:

Seine betagte Mutter war vor einigen Tagen in ein auf dem Lande gelegenes Pflegeheim gekommen. Als er sie besuchte – es war gerade Essenszeit –, klagte die leicht verwirrte Dame darüber, nichts essen zu können, da ihre Zahn-Prothese nicht richtig sitze.

Für unseren Nachbarn war der Fall sofort sonnenklar. Hier musste eine Verwechslung vorliegen. Also wandte er sich spontan in forschem Ton an die in der Nähe sitzenden Mitbewohner: »Sind Sie sicher, dass Sie die richtigen Zähne anhaben? Darf ich mal sehen?«

Das ließ sich natürlich niemand der Herrschaften gefallen. Ein früherer Landwirt erwiderte ihm schlagfertig: »Wollen Sie uns etwa kaufen?«, denn auf dem Viehmarkt wird das Alter der Tiere bekanntlich mittels der Zähne bestimmt.

In diesem Moment wurde unserem Nachbarn klar, was er da getan hatte. Seine Entschuldigung wurde von allen mit freundlichem Lächeln akzeptiert.

Anonymus

Doppelt beißt besser

Ein älterer alleinstehender Patient mit Totalprothesen hatte ständig Probleme mit Druckstellen. Aber auch nachdem ich diese entfernt hatte und keine weiteren Mängel feststellen konnte, kam er immer wieder. Im Wartezimmer unterhielt er sich stets angeregt mit den übrigen Patienten und ließ anderen oft sogar den Vortritt zur Behandlung. Er fühlte sich einfach wohl unter den Menschen. Einmal beobachtete ich zufällig, wie er vor der Praxis die alte Prothese herausnahm und die neue einsetzte. Nach dem Besuch tauschte er sie dann wieder aus.

Eines Tages erschien dieser Patient wild gestikulierend in meiner Sprech-stunde. Er fuchtelte mit beiden Armen und der Speichel lief ihm aus dem Mund. Dabei beschwerte er sich mit undefinier-baren Lauten darüber, dass das neue Gebiss nicht richtig sitze. Tatsächlich hatte der Ärmste eine Kiefersperre und bei näherem Hinschauen stellte ich fest, dass er über die alte Oberkiefer-Prothese zusätzlich die neue eingesetzt hatte. Das konnte ja nicht gut gehen.

Ich hatte zwar einige Mühe, ihn von den diversen Prothesen zu befreien, er aber hatte später nie wieder Druckstellen.

Dr. med. dent. Johannes Schnieders, Geilenkirchen

Viva Mexiko

Vor ca. 12 Jahren lernten wir im weihnachtlichen Notdienst eine Deutsche (ehemalige Tierärztin) kennen, die seit Jahrzehnten in Mexiko-City lebte und für einige Wochen zu Besuch war. Ihr war zum wiederholten Male eine Frontzahnkrone eines in Mexiko gefertigten Zahnersatzes herausgefallen.

Ich brauchte lange, um die intraorale Situation begreifen zu können. Der definitive (!) Ersatz bestand aus Frontzahnkronen aus sehr weichem, fransig ausgearbeitetem Kunststoffmaterial – unserem provisorischen Kronenmaterial erheblich ähnlicher als z. B. Verblendkunststoff.

Mit diesen Kronen war die Front inkl. 4er und die Stützzonen waren mit einem herausnehmbaren Ersatz versorgt. Zwei gebogene Klammern befestigten den gesamten Ersatz an den 4ern. Er war insgesamt aus Kunststoff gefertigt, der palatinale, transversale Anteil hatte eine Mächtigkeit von ca. 1,5 mm, der Rand nicht etwa schmal auslaufend, sondern nur grob gerundet.

Nachdem ich vorsichtig auf den Unterschied zu europäischem Zahner-satz hingewiesen hatte, entschloss sich die Patientin spontan, sich von uns in den verbleibenden letzten zwei Wochen mit

Zahnersatz versorgen zu lassen. Wir wählten kunststoffverblendete Kronen und skelettierten, klammergetragenen herausnehmbaren Ersatz, um wenigstens rudimentäre Reparaturen in Mexiko durchführen lassen zu können.

Aus Zeitmangel wurde die Prothese an einem Donnerstag eingesetzt, am Freitag kontrolliert und am Samstag flog die Patientin für voraussichtlich mehrere Jahre nach Mexiko.

Entsprechend gespannt warteten wir am Freitag auf die Patientin, die uns mit folgenden Geschichten überraschte:

1. »Ich kann wieder pfeifen!« Mit dem dicken mexikanischen Zahnersatz war dies nicht mehr möglich gewesen.

2. Sie hatte am Morgen ihren Enkel heftig verdächtigt, den neuen Zahnersatz versteckt zu haben, weil ihn die gesamte Familie trotz intensivster Suche im ganzen Haus nirgendwo finden konnte – bis die Patientin bemerkte, dass sie ihn während der gesamten Zeit unbemerkt in ihrem Mund getragen hatte.

Von da an kam sie immer wieder bei Besuch der Verwandtschaft in unserer Praxis vorbei. Aus dieser Zeit noch zwei weitere Geschichten:

1. Die Patientin war begeistert von der Schmerzlosigkeit unserer sterilen Einmal-Injektionsnadel. Der mexikanische Kollege zog stets die

wieder verwendbare Nadel auf der marmornen Fensterbank ab, um die Widerhaken an der Nadelspitze aufzurichten.

2. Als sich die Patientin auf Dauer verabschiedete, weil die Verwandt-schaft wegzog, wünschte sie sich als Abschiedsgeschenk eine gebrauchte zahnärztliche Pinzette. Damit könne man sehr gut bei der alle 4 Wochen notwendigen Kontrolle des Hauses auf Ungeziefer die in den Mörtel-ritzen sitzenden Skorpione gefahrlos hinter den Zangen packen ... Wir schenkten ihr eine neue Pinzette!

Dres U&R Pfeffer

Probleme am Letzten

Mein 73-jähriger Mann hat nur noch einen richtigen gesunden Zahn. Wenn er zu seinem Zahnarzt kommt, sagt er zu ihm: »Der Einzahn ist wieder einmal da und hat Probleme am Letzten.«

Dann lachen beide und die Behandlung kann beginnen.

mitgeteilt von Frau Magdalena Arnold, Stollberg/ Erzgebirge

Gesegnete Zähne

Vor etwa 25 Jahren war ich im streng katholischen Sauerland Assistenzarzt in einer Landarzt-Praxis. Eines Tages war die Unterfütterung der Oberkiefer-Prothese einer Patientin erforderlich.

Nach Abdrucknahme am Vormittag und zahntechnischen Arbeiten im praxis-eigenen Labor war der Zahnersatz am Nachmittag zum Eingliederungstermin unauffindbar. Nach intensiver Suche erfolgte Rückfrage beim Chef. Der fluchte nur leise und gestand: »Ich habe vorhin dem Pastor eine Prothese eingesetzt.

Die passte hinten und vorne nicht. Ich musste ziemlich viel schleifen.«

Also wurde die Patientin wegen »technischer Probleme« etwas vertröstet und Hochwürden noch einmal in die Praxis gebeten. Dann wurden die Prothesen nach Reinigung und Desinfektion getauscht, und das Problem war gelöst.

Der Pastor war zufrieden und die Patientin vom Sitz und der Funktionsfähigkeit des Gebisses mehr als begeistert. So gut hatte es – trotz völlig unsystematischen Einschleifens – noch nie gepasst. Kein Wunder, lag doch offenbar ein kirchlicher Segen auf den Zähnen.

erlebt von Dr. Günter Lohmann, Menden

Schaum vorm Mund

In den 80er Jahren kam ein älterer Herr in den Leipziger Studentenkurs zur Behandlung.

Er berichtete freudig: »Meine Frau hat mir Gebiss-Reinigungs-Tabletten mitgebracht. Die sind ganz prima und sprudeln schön. Leider schäumen sie sehr stark.«

Er hatte sie gelutscht.

erlebt von Frau DS K. Kurszentat, Leipzig

Das ist doch ganz normal!

Kommt ein Patient zum Zahnarzt und sagt: »Also Herr Doktor, mit der Prothese, die Sie mir gemacht haben, kann ich überhaupt nicht kauen.«

»Das ist doch ganz normal« sagt der Zahnarzt, »mit einem Glasauge können Sie ja auch nichts sehen!«

eingereicht von Herrn Dr. Carsten Klingler
aus Bad Salzungen

Eulenspiegelei

Herr Mafioso hat sich einen neuen Zahnersatz geleistet und an nichts gespart. Nach dem Einpassen der Neuerwerbung zeigt er sich sehr zufrieden mit der Leistung von Zahnarzt und Labor und schiebt 4.000,00 Mark bar über den Tresen.

»Das ist ja alles Falschgeld!«, ruft der Zahnarzt erschrocken aus.

»Ja sicher«, antwortet ihm Herr Mafioso gelassen. »Die Zähne sind ja auch falsch.«

nach einem Zahnarztwitz,
mitgeteilt von Herrn Torsten Schütt aus Stralsund

Der kranke Patient

Ein älterer Herr klagt seinem Hausarzt: »Mit mir ist nichts mehr los, Herr Doktor. Ich habe Rheuma, Gicht, Ischias, Herzbeschwerden und und und.«

»Ja gibt es denn überhaupt noch etwas, was Sie nicht haben?«, fragt daraufhin der Mediziner.

»Doch, schon«, antwortet der Hinfällige, »meine Zähne.«

nach einem Beitrag in Zahnspiegeleien
von Hans-Peter Schneekloth

Blitzableiter auf Krankenschein?

Als ich im April 1996 meine Ober-kiefer-Modellguss-Plattenprothese und meine Unterkiefer-Modellguss-Bügelprothese bekommen hatte, vermeinte meine Abdrucknehmerin Susi einen überglücklichen Gesichtsausdruck bei mir festgestellt zu haben.

Daher erlaubte ich mir einen kleinen Spaß. Ich täuschte kurz entschlossen etwas Unzufriedenheit vor und fragte den Zahnarzt, warum kein Blitzableiter eingebaut worden sei.

Als er vorgab, den Sinn der Frage nicht zu verstehen, erläuterte ich vor der lachenden »Zahndamen-Riege»:

»Ich hab´ ja jetzt den Mund rundum voll mit Metall« (Gaumenplatte und Unterzungenbügel mit jeweils fünf Halteklammern).

Darauf erwiderte der Zahnarzt nicht verlegen. »Blitzableiter auf Krankenschein bekommen bloß die Monteure der UJAG (Stromversorgungsunternehmen Überlandwerk Jagstkreis)«.

erlebt von Walter Schier
aus Nördlingen

Da´ zapft is!

Mein Patient saß mit Freunden gesellig im Wirtshaus beim Bier. Als er nach einer Weile einen Teil des Gerstensaftes „wegbringen musste“, befürchtete er, dass man ihm seine Maß während der Abwesenheit leer trinken könnte.

Kurz entschlossen versenkte er daher seine Zahn-Prothese im Maßkrug. Natürlich mit durchschlagendem Erfolg. Außerdem war die Gaudi für den ganzen Abend gesichert.

eingereicht von Zahnärztin Georgine Heib
aus Gerolsbach

Gesellschaftliches

Küss die Hand

An meinem 65. Geburtstag wurde ich von meinem Chef eingeladen. Mit einem Blumenstrauß gewappnet klingelte ich an der Tür seiner Villa. Die Dame des Hauses öffnete höchstpersönlich und ich beugte mich galant zum Handkuss.

Dabei fielen mir meine »Oberen« aus dem Mund, direkt auf ihren Handrücken. Geschickt fing sie sie auf, gab sie mir mit einem Lachen zurück und sagte: »Ach, Sie auch? Das habe ich nie bemerkt.«

Herr R. Schmidt, Karlsruhe

»Teil«-Prothese

Ein älteres Ehepaar im Restaurant. Während er mit Genuss isst, sieht seine Frau erwartungsvoll auf ihren vollen, noch unberührten Teller.

Der Ober bemerkt dies und fragt: »Ist mit dem Essen etwas nicht in Ordnung, gnädige Frau?«

»Doch, doch«, antwortet diese ganz selbstverständlich, »aber mein Mann hat gerade unsere Zähne!«

Zahnarztwitz, eingereicht von Herrn Dr. Michael Becker aus Walldorf

Wettervorhersage

Beim heftigen Niesen im Bürogang flog mir meine obere Zahn-Prothese aus dem Mund, direkt vor die Füße einer mir entgegenkommenden Kollegin.

»Ich glaube, es gibt schlechtes Wetter« sagte sie spontan.

»Warum?« wollte ich verdutzt wissen.

»Weil die Zähne so tief fliegen«, meinte sie lachend.

Seitdem nehme ich dentipur premium Haftcreme!

erlebt und erzählt
von Herrn Walter Thoneik, Nettetal

»Fahnenflucht«

Hunderte von Soldaten sind auf dem Kasernenhof angetreten, um die Rede ihres Generals anzuhören.

Dieser, stets um zackiges Auftreten bemüht, tritt ans Rednerpult und beginnt mit der laut herausgebrüllten Anrede: »Soldaten!« Bei dieser Gelegenheit fliegen seine beiden Total-Prothesen gleichzeitig aus dem Mund und landen nach kurzer Flugbahn im Kasernenstaub.

Der General konnte seine Rede natürlich nicht fortsetzen und es wird berichtet, er habe nach diesem Ereignis sein übergroßes Selbstbewusstsein verloren.

Er soll sogar auf eigenen Wunsch hin vorzeitig pensioniert worden sein.

mitgeteilt von Dr. Adalbert Ruhnke, Niederstetten

Der Antrittsbesuch

Die Eltern meines heutigen Schwiegersohnes hatten sich zum »Antrittsbesuch« angesagt. Also hatte ich eine festliche Tafel vorbereitet. Kurz vor Eintreffen des Besuches duschte ich noch einmal und nutzte diese Gelegenheit, meine Zahn-Prothese zu reinigen. Ich legte sie in ein Glas Wasser mit einer Schnellreinigungstablette.

Während ich mich später im Schlafzimmer anzog, klingelte es auch schon und meine Tochter öffnete unseren Gästen. Da ich zu sehr mit mir beschäftigt war, bekam ich nicht richtig mit, als sie ihren Kopf kurz ins Schlafzimmer steckte und etwas von »Gästetücher« murmelte. Sie ist furchtbar reinlich und ich dachte, sie hätte noch einmal frische Gästetücher aufgehängt.

Inzwischen war auch ich fertig und musste nur noch die Zahn-Prothese einsetzen. Doch, der Schreck war groß, sie war weg. Ich bin zwar manchmal etwas schusselig, aber das konnte doch nicht sein. Nachdem ich das Bad mehrmals durchsucht hatte, gab ich auf. Unserem Besuch täuschte ich Zahnschmerzen vor, womit ich erklärte, nicht viel sprechen und nichts essen zu können.

Man kann sich vorstellen, wie froh ich war, als der Besuch endlich wieder ging.

Als ich meiner Tochter dann von dem Malheur berichtete, fiel sie aus allen Wolken. Aus Angst, der Besuch hätte meine »Dritten« im Bad sehen können, hatte sie das Glas dort in dem Schrank hinter den Gästetüchern versteckt . Da hatte ich natürlich nicht gesucht.

Heute lachen wir noch oft darüber und mein Schwiegersohn gestand mir erst kürzlich, dass ich seinen Eltern und auch ihm an jenem Tag doch recht merkwürdig vorgekommen sei.

erlebt von Regina Bach, Siegen

Der Jägerball

Wir leben sehr zurückgezogen und gehen fast nie aus. Voriges Jahr ließen wir uns aber von Bekannten überreden, sie auf den Jägerball zu begleiten. Ich freute mich schon sehr auf die Abwechslung, während mein Mann zunächst nicht so recht wollte.

Ich war sicher, seine Bedenken völlig ausgeräumt zu haben und deshalb sehr erstaunt, dass ihm die Häppchen vom Buffet so gar nicht zu schmecken schienen. Dass mein Mann kaum etwas sprach, wunderte mich weniger, denn redselig war er noch nie gewesen. An besagtem Abend war er aber besonders wortkarg, was nicht nur mir auffiel. Erst nach einer Weile bemerkte ich dann, was nicht stimmte. Er war völlig zahnlos!

So wie bei anderen Menschen in besonderen Situationen Herpes-Bläschen auftreten, so schwillt ihm bei Aufregung das Zahnfleisch und er kann seine Prothese nicht einsetzen, die er übrigens damals erst kurze Zeit trug. Gut, dass wir uns mit unseren Bekannten so prächtig verstehen. So hatten wir an jenem Abend noch viel zu lachen und die Nachbartische beneideten uns um unsere ausgelassene Laune.

erlebt von einer Jägersfrau

Gastfreundschaft

Am dritten Tag meines Mallorca-Urlaubes brach mir der Zahnersatz des Unterkiefers durch. In meiner Not kaufte ich ein Reparatur-Set. Leider war die Erklärung nur auf spanisch.

So bat ich im Hotel um Hilfe, und der Direktor zeigte mir höchstpersönlich, wie es funktionierte – vor allen Gästen! Das war mir zwar sehr peinlich, aber der Urlaub war gerettet, und die anderen Gäste hatten immerhin etwas zum Schmunzeln.

erlebt von Frau Renate Nieschalke aus Berlin

Dein oder mein?

In Seniorenheimen kann es hin und wieder zu unangenehmen Verwechslungen von Zahn-Prothesen kommen, sei es durch die Einwohner selbst oder das Pflegepersonal. Nicht immer wird der Irrtum sogleich bemerkt.

In Japan gehen Seniorenheime daher mehr und mehr dazu über, die Namen der Eigentümer in die Zahn-Prothesen einzugravieren. Diese Idee hatte auch ein Rentner in einem bayerischen Seniorenstift. Sein Sohn ist Goldschmied und versah gratis sämtliche »Dritten« der Bewohner mit deren Initialen.

Das Ergebnis konnte sich sehen lassen. Wie man es von einem Gold-schmied erwartet, wurde saubere Arbeit abgeliefert.

Trotzdem kam es eines Tages wieder zu einer Verwechslung. Der Gold-schmied, an filigrane Arbeit gewöhnt, hatte die Gravuren so fein ausgeführt, dass sie von einigen sogar mit Brille nicht entziffert werden konnten.

Der pflichtbewusste Sohn besserte schließlich noch einmal nach und seither ist keine weitere Verwechslung mehr be-kannt geworden.

berichtet von einer Heimleiterin aus Bayern

Die Quasselstrippe

Unsere Nachbarin ist eine fürchterliche Quasselstrippe. Vor allem, wenn ich im Garten arbeite, hält sie mich gerne mit ihren endlosen Geschichten auf. Dieses Jahr aber hatte ich Glück. Als ich mich im Frühjahr anschickte, den Garten herzurichten, grüßte sie immer nur kurz und verdrückte sich schnell ins Haus oder ging ihrerseits schweigsam ihrer Gartenarbeit nach.

Sollte ich sie etwa beleidigt haben? Nach einigen Wochen wurde dann das Rätsel gelüftet. Eines Tages – das Gröbste hatte ich längst in Ruhe erledigen können – redete sie auf mich ein, als wolle sie alles nachholen, was sie in der letzten Zeit nicht hatte los werden können. Sie erzählte mir, dass sie Zahnersatz bekommen habe und deshalb so lange nicht richtig sprechen konnte.

Deshalb wurde mir nun jede einzelne der zahlreichen Zahnarzt-Sitzungen im Detail geschildert.

eine Hobbygärtnerin aus Dortmund

Der Mädcheninsel Zähne gezeigt

Auf einer 12-tägigen Wolgareise nahmen die Gäste der „Aljoscha Popowitsch“ 1972 bei 35° C ein kühlendes Bad am Strand der »Mädcheninsel«.

Bei einem Gast nahm das ausgelassene Herumtollen jedoch schon bald ein jähes Ende. Als der 68-Jährige seine Tauchkünste vorführte, wurde er nämlich beim Luftholen von einer hohen Welle überrascht und konnte nur noch zusehen, wie seine Oberkiefer-Prothese langsam, aber sicher in der Tiefe versank.

Er selbst wäre vor Scham auch am liebsten versunken und schwamm verwirrt zum Ufer. Nachdem dann die Bordkapelle von der Ehefrau alarmiert worden war, wurde flugs eine Unterwassersuchaktion gestartet, an der sich viele der Reisenden beteiligten.

Tatsächlich tauchte der Kapellmeister nach etwa zehn Minuten mit dem guten Stück wieder auf und die Reise konnte ungetrübt fortgesetzt werden.

Mit von der Partie war damals übrigens auch eine angehende Zahnärztin, die die Begebenheit berichtete.

erlebt von Paul Hinze und Monika Starke, Dipl.-Stom., Ruppendorf,Bericht in Eulenspiegel 4/75)

Tanz der Vampire

Eine lustige, aber beinahe kostspielige Geschichte habe ich einmal erlebt. Bei einem Tanzvergnügen war meinem Tänzer die Zahn-Prothese aus dem Mund gefallen. In Windeseile kroch er auf allen Vieren durch unsere Beine hindurch und konnte sie unversehrt erwischen.

Dann rannte er raus aus dem Saal und ward nicht mehr gesehen.

mitgeteilt von Frau Ingeborg Baldendick aus Laatzen

Generalprobe mit Biss

Vor Jahren flogen meine Dritten bei der Generalprobe mitten in einer Arie in hohem Bogen davon.

Ich war damals schockiert, zog aber die Konsequenzen daraus. Heute kann mir das mit meiner Premium-Haftcreme nicht mehr passieren.

erlebt von einer Opernsängerin

Soviel Zeit muss sein

Beim Aussteigen aus dem Zug jammerte ein aufgeregter älterer Herr, er habe seine Zahn-Prothese verloren. Eine Zugbegleiterin fackelte nicht lange, zögerte die Abfahrt hinaus und suchte mehrere Abteile ab. Nach etwa zehn Minuten konnte sie dem überglücklichen Eigentümer seine Dritten wieder aushändigen.

Alle Fahrgäste zeigten vollstes Verständnis für die Verspätung, als sie den Grund dafür erfuhren.

frei nach einem Fernsehinterview mit der Zugbegleiterin

Zähne zeigen

Die Ehefrau hatte schon immer die Hosen an und im Laufe der inzwischen fast 50-jährigen Ehe war es ihr nicht gelungen, ihrem Mann ein wenig von ihrem Kampfgeist zu vermitteln. Aber sie gab nicht auf.

Eines Tages forderte sie ihn bei einem Nachbarschaftsstreit auf: »So, dem zeigst du jetzt aber einmal die Zähne!«

Seine kleinlaute Antwort ließ nicht lange auf sich warten: »Die hab´ich doch verlegt.«

Anonymus

Besuch der alten Damen

Meine Mutter und zwei Freundinnen besuchten eines Tages einen Bekannten im Nachbardorf. Einer der Freundinnen drückte es plötzlich arg im Mund. So versuchte sie, in einem unbeobachteten Moment beide Zahn-Prothesen aus dem Mund hinter sich auf den Stuhl zu befördern.

Aber dem aufmerksamen, volkstümlichen Landwirtschaftslehrer entging diese Transaktion nicht. Als die Pro-

thesen ihren Platz eingenommen hatten, sagte er mahnend:

»Gib obacht, dass Du di net selbscht indn Arsch nei beischt.«

eingereicht von Walter Schier
aus Nördlingen

Der verstummte Nachtwächter

Jahrzehntelang hatte der Nachtwächter Steffel sein Amt treu und brav versehen und regelmäßig nachts die Stunden mit seinem Horn ausgeblasen.

Eines Nachts aber schwieg das Wächterhorn und nur die rauhe, krächzende Stimme des Nachtwächters zeigte die Stunden an. Nachdem dies mehrere Nächte passiert war, beschwerten sich die Dorfbewohner beim Schultheiß, denn sie verschliefen nun jeden Morgen. Dieser stellte den Steffel also zur Rede und der gestand dann widerwillig, dass er vor einer Woche seine letzten drei Zähne verloren habe. Und ohne die könne er nun einmal beim besten Willen nicht auf dem Horn blasen.

Weil aber die Bauern darauf bestanden, nach alter Sitte mit dem Horn geweckt zu werden, entschloss sich die Gemeinde, dem Nachtwächter ein Gebiss zu finanzieren.

Kaum zehn Tage später zeigte der Steffel dann auch strahlend im ganzen Dorf seine neue Errungenschaft und die Bauern legten sich abends wieder beruhigt schlafen. Aber weit gefehlt, das Weckhorn blieb auch die nächsten Tage stumm. Darüber erbost, wurde der

Nachtwächter abermals zur Rede gestellt.

»Ja«, sagte der, »blasen könnt´ ich jetzt schon wieder, aber der Zahnarzt hat mir gesagt, ich soll mein Gebiss nachts in ein Glas Wasser legen. Na und daran hab´ ich mich natürlich gehalten«.

gekürzt nach einer Geschichte aus Hans Pfletschinger: Fried' und Unfried`
Unsere Heimat in vergangenen Zeiten (1982)
(Hinweis von Walter Schier aus Nördlingen)

Die Bewerbung

Vor ca. fünf Jahren bekam ich eine Oberkiefer-Prothese. Die endgültige Fertigstellung dauerte ca. eine Woche. Für diese Zeit bekam ich ein Provisorium.

Ausgerechnet in dieser Woche hatte ich ein Vorstellungsgespräch als Verkäuferin in einem Supermarkt. Während der Unterhaltung mit dem Personalchef löste sich das Provisorium, und ich konnte nicht mehr weitersprechen – peinlich. Die Stelle habe ich übrigens nicht bekommen.

erlebt von Frau Lydia Schmuck aus Kaltenengers

Literarisches

Zweimal geschenkt

Zweimal schenkt uns der liebe Gott Zähne.

Die Dritten müssen wir dann selbst bezahlen.

frei nach einem Beitrag in Zahnspiegeleien
von Hans-Peter Schneekloth

Das höhere Wesen

Jack London schrieb:

»Die Eskimos und Indianer in Alaska sahen mich als ein höheres Wesen an, das seine Zähne herausholen konnte.«

mitgeteilt von Helmut Golombeck, Remagen

Drei Dinge braucht der Mann

Bis zum 20. Lebensjahr besaß ich nicht viel mehr als meine Kleidung, meinen Stolz und meinen Appetit.

Von 20 bis 50 war ich wie eine Elster und schleppte alles nach Hause, was mir gefiel und ich mir leisten konnte.

Von 50 bis 60 lehnte ich mich zurück, schaute mich um und genoss die Dinge, die mir gehörten.

Aber dann, zwischen 60 und 70, stellte ich fest, dass es mir Spaß machte, Dinge zu verschenken.

Jetzt mit 70 habe ich erkannt, dass mir drei Dinge wichtig sind:

meine Bibel,
meine Brille
und meine falschen Zähne.

A. Marais, Südafrika,
(gefunden von Walter Schier aus Nördlingen in: Münchner Schienen-Informationen für den Lokfahrdienst GdED München, März 1999)

Ein Gedicht

Ich kann mit dir strahlend lachen
habe aber auch durch dich geweint.
du bist mein Freund,
bei Druckstellen aber auch mein Feind.

Mit dir kann ich alles essen,
darf dich jedoch nie vergessen.
Ohne dich sehe ich alt aus,
mit dir dagegen knackig und jung.

Durch dich habe ich wieder Chancen bei den Frauen,
mit dir kann ich auch Steaks so richtig kauen.
Doch langer Rede kurzer Sinn,
ich bin durch dich das was ich bin.

Ich putze dich täglich, damit du strahlst und
duftest nach Menthol,
auch beim Küssen fühl ich mich so mit dir
wohl.
Jeder weiß längst, wen ich meine – ihr habt´s
gelesen,
ich danke euch, ihr Zahn-Prothesen.

von Dipl.-Pharm. Frank Motzki, Halle

Noch´n Gedicht

Die alten Zähne
wurden schlecht
und man begann,
sie auszureißen.

Die neuen kamen
gerade recht,
um mit ihnen
ins Gras zu beißen.

Heinz Erhardt

Sonstiges

Schwupp, weg war sie

Es ist jetzt fast ein Vierteljahrhundert her. Der ganze Clan, meine Eltern, mein Bruder und etliche Verwandte, hatte sich schon lange auf den Urlaub am Meer gefreut. Nach der anstrengenden Autofahrt bei unsäglicher Hitze gab es für uns alle nur eins: ein kühles Bad im Meer. Besonders mein Vater hatte es damit sehr eilig. Er war der erste am Strand und stürzte sich sofort in die Fluten.

Als der Rest, wir waren insgesamt zu zehnt, hinzukam, war er schon eine Runde geschwommen und ließ sich genüsslich auf dem Rücken treiben. Als er uns sah, rief er uns ausgelassen zu: "Na, ihr lahmen ..." Das Wort Enten brachte er nicht mehr hervor; denn just in diesem Moment erwischte ihn eine meter-hohe Welle, die über ihn hinweg-schwappte.

Mein Vater schluckte jede Menge Wasser und begann fürchterlich zu husten. Dabei flog auch seine Ersatz-prothese aus dem Mund. Seine Zahn-Prothese war nämlich kurz vor der Abfahrt zerbrochen und der Zahnarzt hatte ihm für die Reise ein Provisorium angefertigt.

So nahm das Drama also seinen Lauf. Mein Vater ließ uns allesamt fast eine Stunde lang nach dem Gebiss suchen. Leider wurden wir nicht fündig und mein Vater war fix und fertig. Er wollte sofort wieder nach Hause fahren.

Gott sei Dank konnte ihm meine Mutter das ausreden. So hatten wir doch noch einen schönen Urlaub. Nur mein Vater war nicht so ganz glücklich. Er ergab sich aber seinem Schicksal.

erlebt von Frau Britta Lahr, Trier

Das »th«

1955 – neunte Klasse – Englischunterricht. Ein schon pensionierter Lehrer wurde wieder an die Oberschule zurückgeholt, um Englischunterricht zu erteilen.

Er bemühte sich redlich, uns Schülern das »th« beizubringen. Ich saß damals in der ersten Reihe und wurde von seiner feuchten Aussprache beglückt. Bis plötzlich in einem Wutanfall des Lehrers, weil wir das »th« einfach nicht hinkriegten, seine Oberkiefer-Prothese in hohem Bogen auf meinem Platz landete.

Gelächter – Ekel – Starre.

Ich habe mich dann auf eine Bank in der letzten Reihe geschlichen und be-schloss, Zahnärztin zu werden.

eine » betroffene« Zahnärztin

Erntedank

Vor etlichen Jahren passierte meinem Vater bei der Strohernte folgendes Malheur: Wie üblich, hatte er die Strohballen auf dem Wagen akkurat gestapelt, es sich hoch oben bequem gemacht und dann dem Traktorfahrer das Zeichen zur Abfahrt gegeben. Dieser gab sogleich Gas, aber leider ein wenig zuviel. Dadurch verlor mein Vater das Gleichgewicht und fiel vom Wagen. Der Fahrer bemerkte erst zu Hause, dass wer fehlte.

Mein Vater war gottlob mit einigen schmerzhaften Schürfungen und Prellungen davongekommen und humpelte langsam Richtung Hof. Auf halbem Weg kamen ihm die anderen »Ernte-helfer« entgegen und waren froh, dass nichts Schlimmes passiert war. Aber irgend etwas stimmte trotzdem nicht und plötzlich fragte jemand: »Wo hast du denn deine Zähne gelassen?«

Tatsächlich, die Oberkiefer-Prothese war beim Sturz verloren gegangen. Mein Vater kommentierte mit seinem trockenen Humor »Gut, dass sie weg sind, sonst hätte ich womöglich noch damit ins Gras gebissen.«

passiert, einem Landwirt

Stolze Erbin

Im vergangenen Jahr starb meine Urgroßmutter mit 99 Jahren nach kurzem Krankenhausaufenthalt. Trotz des hohen Alters war sie geistig noch sehr rege, auch wenn sie hin und wieder etwas vergaß oder Dinge durcheinander brachte.

Immer wieder hatte sie mir gesagt, sie habe zwar nicht viel zu vererben, aber mir wolle sie als einziger Urenkelin ihre beiden Ringe vermachen, die sie neben einigen Andenken aus alter Zeit in einem kleinen Kästchen aufbewahrte.

Nach ihrem Tod bekam ich dieses Kästchen ganz selbstverständlich von meinem Onkel überreicht, der die Wohnung auflöste, auch ohne Testament.

Trotz der Trauer freute ich mich sehr über diese Erbschaft. Aber jeder wird sich meine Verblüffung vorstellen können, als mir beim Öffnen als Erstes ein Gebiss in die Hände fiel. Damit hatte ich nicht gerechnet. Jetzt wurde mir klar, warum wir nach der Krankenhauseinlieferung trotz größter Anstrengung die Zahn-Prothese nicht finden konnten.

Jedenfalls trage ich die geerbten Ringe voller Stolz. Dass ich die Zähne entsorgt habe, wird mir meine Urgroßmutter sicher verzeihen.

eine stolze Erbin

April, April!

Während des Krieges wollte ich mir in den Ferien in einem Altenheim ein wenig Geld verdienen. Als Erstes wurde mir dort gesagt, ich solle doch schon einmal die Zahn-Prothesen der alten Leute einsammeln. Also nahm ich mir brav ein Tablett und tat dies. Es waren wohl ungefähr dreißig Stück.

Als ich dann fragte »Wohin nun damit?«, schlugen meine Vorgesetzten natürlich die Hände über dem Kopf zusammen.

Erst nachdem es einem Zahnarzt gelungen war, den Senioren die (inzwischen gereinigten) Prothesen wieder rich-tig zuzuordnen, konnten alle herzhaft über den gelungenen Scherz lachen.

erlebt von Frau Clara Keck aus Hamburg

E` neie Prothes

Vor etwa 20 Jahren ereignete sich in einer (ländlichen) Zahnarzt-Praxis in Haßloch folgende Begebenheit:

Eine Patientin ließ sich eine neue Prothese anfertigen. Schon kurze Zeit nach der Eingliederung erschien sie erneut in der Praxis und druckste herum, bis sie endlich ihr Anliegen vorbrachte:

»Ey, Herr Doktor, könne Sie mir vielleicht e´ neie Prothes mache?« Als sie gefragt wurde, warum dies nötig sei, antwortete sie, die andere sei ihr ins Plumpsklo gefallen.

So wurden also neue Abdrücke gemacht und ein neuer Antrag mit Erläuterung der Situation an die Krankenkasse geschickt.

Wenige Tage später kam die Patientin sichtlich aufgeregt wieder: »Herr Doktor, könne mir des vielleicht wieder rückgängisch mache mit de neie Prothes?«

»Ja, aber warum denn?«

»Ey, isch han se wiedergefunn.«

mitgeteilt von Dr. Dörte Hangg

Wassergymnastik

Während unseres Urlaubes im Juli verlor meine Freundin im Wellenbad ihr Gebiss. Sie, die jede Sache im Leben tatkräftig anpackt, suchte eilends den Bademeister auf.

Auf Ihre Frage »Wann lassen Sie das Wasser ab?« seine Antwort »Im Oktober!« Darauf sie: »Oh. so lange kann ich nicht nur Suppe essen, denn eben habe ich mein Gebiss verloren.«

»Dem könnte abgeholfen werden«, konterte der Bademeister schlagfertig, »ich habe eine große Auswahl vorrätig.«

Inzwischen hatte ich das gesuchte Objekt im tiefen Wasser entdeckt und hielt es krampfhaft mit den Zehen fest. Mir stand das Wasser bis zum Hals, aber niemand schien mein aufgeregtes Winken zu bemerken und in wenigen Minuten würden die Wellen wieder einsetzen.

Möglicherweise kam dem ein oder anderen mein Verhalten komisch vor. Wer konnte denn auch wissen, dass ich nicht schwimmen kann.

Lotte aus Berlin

In den Po gepickt

Dass mein Großvater oft schlecht schlafen konnte, war uns allzu gut bekannt. Auch wussten wir, dass er manchmal Alpträume hatte. Als er uns aber eines Morgens weismachen wollte, dass er in der Nacht ständig in den Po gekniffen worden sei, hielten wir das doch für reichlich übertrieben. Er aber bestand darauf, Recht zu haben.

Meine Mutter, wie immer die Ruhe selbst, ging in Opas Schlafzimmer und kam nach wenigen Minuten mit einem wissenden Grinsen zurück.

In der Hand hielt sie seine Oberkiefer-Prothese, die er immer wieder verlegte, aber nur selten vermisste, da er der Auffassung war, »ein Mann muss nicht schön sein«.

Meine Mutter hatte sie in seinem Bett gefunden.

Anonymus

Und führe uns nicht in Versuchung

Die Ehefrau hatte an Heiligabend bereits alles für das festliche Abendmahl zu Hause vorbereitet. Als gute Christin war es für sie jedoch selbstverständlich, zuvor an dem Abendmahl der Christmette teilzunehmen.

Ihr Mann war da lockerer eingestellt und blieb mit knurrendem Magen zu Hause. Da ihn die argwöhnische Frau nur allzu gut kannte, steckte sie kurz entschlossen seine Dritten ein und verabschiedete sich mit den Worten:

»Die nehm´ ich sicherheitshalber mit, damit du erst gar nicht in Versuchung kommst, von dem Festtagsbraten zu naschen«.

Aber da hatte sie sich gewaltig getäuscht. Nach dem Kirchgang fand sie zu ihrer großen Überraschung nur noch ein paar Knochenreste in der Röhre. »Wie hast du das denn jetzt schon wieder fertig gebracht?«, schrie sie erbost und völlig außer sich.

Na, ich hab´ die Gans halt durch den Wolf gedreht und gegessen, war seine kleinlaute Antwort.

nach einer Geschichte aus: Otto Schemm:
Neie Deas-Gschichtn.
Oberfränkische Verlagsanstalt (1981)
(eingereicht von Walter Schier aus Nördlingen)

Zähne gefletscht

Fragt der Zahnarzt den Gerichts-vollzieher:

»Und, hat der Patient jetzt endlich das von mir gelieferte Gebiss bezahlt?«

»Nein, Herr Doktor« antwortet jener. »Er hat die Zahlung rigoros abge-lehnt und dabei mit Ihren Zähnen ge-fletscht!«

nach einem Beitrag in Zahnspiegeleien von Hans-Peter Schneekloth

Unangenehme Lücke

Ehemänner ähneln sehr den Zähnen. Es ist schwer, sie zu bekommen, und solange man sie hat, bereiten sie viel Schmerzen und Verdruss.

Aber wenn sie nicht mehr da sind, hinterlassen sie eine sehr unangenehme Lücke.

Zahnarztweisheit
nach einem Beitrag in Zahnspiegeleien
von Hans-Peter Schneekloth